**Hallo!**

In der Geschichte findest du an einigen Stellen Profifragen zum Text.

Deine Antworten kannst du mit einem Lesezeichen überprüfen. Das kannst du hinten aus dem Buch herausnehmen.

Es ist dein Lösungsschlüssel!

MIX
Papier aus verantwortungsvollen Quellen
FSC® C043106

Erschienen bei FISCHER Duden Kinderbuch



Fachberatung: Ulrike Holzwarth-Raether
Gestaltungskonzept: Farnschläder & Mahlstedt, Hamburg
Layout: Michelle Vollmer, Mainz
Umschlagkonzept: Frauke Schneider, Wittighausen
Umschlaglayout: Mischa Acker, Brühl

Druck und Bindung:
Grafisches Centrum Cuno GmbH & Co. KG, Calbe
Printed in Germany
ISBN 978-3-7373-3350-4

Leseprofi

# Die total verrückte Schrumpf-Maschine

Heike Wiechmann
Text und Bilder

FISCHER Duden Kinderbuch

## Oma Pias Maschinen

Oma Pia ist Erfinderin.
Jeden Tag geht Anton zu ihr.
In Omas Werkstatt gibt es
immer viel zu sehen.

Oma Pia erfindet
viele nützliche Sachen.
Für sich und für andere Leute.
Heute wünscht sich Anton
eine Maschine,
die sein Zimmer aufräumt.

„Kein Problem!“, sagt Oma
und macht sich an die Arbeit.
Anton hilft ihr
und schaut genau zu.
Bald ist die Maschine fertig.

Viele Leute schreiben Oma
und bestellen ihre Erfindungen.
Postbote Jan bringt Briefe
aus der ganzen Welt.

Am nächsten Morgen
sitzt Oma am Tisch und
kaut auf ihrem Bleistift.

Was kann sie heute bauen?
Oma Pia seufzt
und zerknüllt eine Zeichnung
nach der anderen.
Ihr fällt einfach nichts ein.

„Eine Heizung für Schuhe“,
schlägt Anton vor.
„Das gibt es schon“,
meint Oma.

Anton gießt Omas Blume
und füttert Kater Einstein.
Oma hat immer noch
keine Idee.

## Profifrage 1

Welche Zahl steckt im
Namen des Katers?

- 2
- 1
- 3

Dann holt Jan ein Paket ab.
„Ist das schwer“, stöhnt er.
In dem Paket ist
ein Regenmacher.
„Meine Idee“, sagt Anton.

Jan staunt:

„Bist du auch Erfinder?“

Anton nickt.

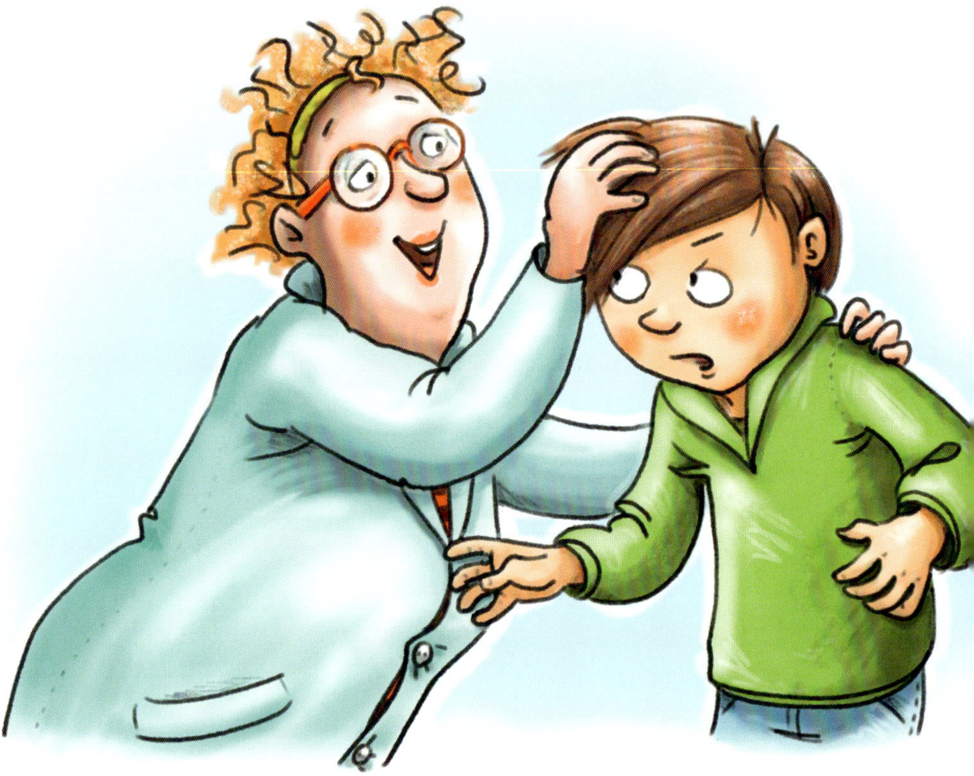

Oma wuschelt ihm durchs Haar.
„Erst wenn du groß bist,
kannst du Erfinder werden.
Bis dahin musst du
noch viel lernen."
Anton ärgert sich.

Er hilft Oma jeden Tag.
Merkt sie nicht,
was er schon alles kann?
Außerdem ist Oma Pia
auch nicht viel größer als er!

„Dann bau eine Maschine,
die mich groß macht“,
murrt Anton.
Oma starrt ihn an.
„Das ist DIE Idee“, ruft sie.

Oma nimmt ein Blatt Papier
und kritzelt drauflos.
„Ich brauche ein Rohr
und ein Zahnrad“, murmelt sie.
Anton darf jetzt nicht stören.

Er geht in den Garten
und spielt mit Kater Einstein.
Anton wirft einen Ball.
Einstein springt hinterher.

In der Nacht wacht Anton auf.
Er schaut aus dem Fenster.
In der Werkstatt ist noch Licht.
Oma baut die ganze Nacht.

Am nächsten Tag
läuft Anton
gleich in die Werkstatt.
Da steht
die neue Maschine.

Omas Topfblume
steht daneben.
Sie ist groß
wie eine Palme.
Anton ist begeistert.

**Profifrage 2**

Welche Blume ist groß geworden?

- die Tropfblume
- die Hopfblume
- die Topfblume

„Die Maschine funktioniert ja
schon richtig gut“,
ruft Anton.
„Leider ja“,
hört er Oma sagen.

## Oma Pia in Not

„Seltsam“, denkt Anton.

Omas Stimme klingt so piepsig.

Anton blickt sich um.

Wo ist sie überhaupt?

„Hier bin ich“, ruft Oma Pia.
Anton reißt die Augen auf.
Oma steht direkt vor ihm.
Sie ist winzig klein!

Oma rauft sich die Haare.
Sie wollte die Pflanze
wieder kleiner machen.
„Dabei hat der Strahl
mich getroffen“, jammert sie.

Oma kann die Zange
nicht mehr hochheben.
Und sie kann
die Kurbel der Maschine
nicht mehr drehen.

### Profifrage 3

Welches Werkzeug kann
Oma nicht mehr hochheben?

- den Hammer
- den Bohrer
- die Zange

Richtig sehen kann Oma Pia
auch nicht mehr.
Ihre Brille ist nämlich
nicht mitgeschrumpft.

„Ich bediene die Maschine.
Gleich bist du wieder groß“,
sagt Anton.
Anton hebt Oma Pia hoch und
setzt sie vor die Maschine.

Anton muss die Kurbel drehen
und den grünen Knopf drücken.
„Nicht umgekehrt“, sagt Oma.
„Sonst werde ich noch kleiner.“
„Kapiert, Oma“, sagt Anton.

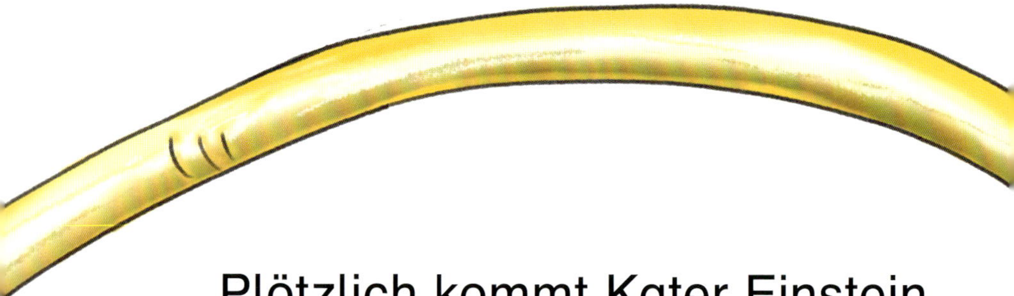

Plötzlich kommt Kater Einstein
in die Werkstatt.
Er sieht Oma Pia und faucht.
„Hilfe“, ruft Oma.
„Er hält mich für eine Maus!“

Oma Pia will
sich verstecken.
Einstein folgt ihr.
Er springt gegen
die Maschine.

Da kracht die Erfindung um
und zerfällt in viele Teile.
Anton fängt den Kater
und setzt ihn
vor die Tür.

Die Maschine ist kaputt.
Anton muss
sie reparieren.
Oma kann das nicht.
Sie ist viel
zu klein dazu!

## Geschafft!

Anton schluckt.
Er muss sich
etwas einfallen lassen.
Hoffentlich schafft er das.
Anton bohrt und schraubt.
Oma Pia schaut zu.

**Profifrage 4**

Was macht Anton
mit der Maschine?

- Er paniert sie.
- Er operiert sie.
- Er repariert sie.

Anton baut noch
einen Schalter ein.
Damit kann man genau regeln,
wie groß oder klein
etwas werden soll.
Oma Pia ist begeistert.

Dann ist die Maschine fertig.
Hoffentlich klappt alles.
Anton startet die Maschine.
„Poff“, macht es.
Und Oma ist wieder groß.

Da kommt Jan.
Anton zeigt ihm die Maschine.
„Die kann ich gut gebrauchen“,
sagt Jan begeistert.
„Für mein Postauto.“

Die Maschine kann die Pakete
ganz klein machen.
Dann muss Jan nicht mehr
so schwer tragen.
„Nimm sie mit“, sagt Oma.
„Halt!“, ruft Anton.

Anton braucht die Maschine.
Sie soll ihn doch groß machen!
„Das ist nicht nötig.
Du bist doch jetzt schon
ein guter Erfinder!“,
sagt Oma.

Anton wird rot vor Stolz.
Endlich sieht Oma,
was er kann.
„Los, wir bauen ein
Fahrrad mit Flügeln“, sagt er.
„Gute Idee“, sagt Oma Pia.

# Für Vollprofis

Jetzt ist die Geschichte zu Ende.
Hier geht's mit Rätseln für Vollprofis weiter!
Die Lösungen findest du auf der Rückseite.

**1.** Welche Wörter gehören zusammen?
Markiere farbig.

operieren
das Training
probieren
trainieren
reparieren
das Foto
telefonieren
die Operation
das Telefon
fotografieren
die Reparatur
die Probe

**2.** Wer sagt was?

Kein Problem!

Halt!

Poff!

Bist du auch Erfinder?

# Für Vollprofis

3. Streiche durch, was nicht stimmt.

Omas Kater heißt | Zweistein | Einstein | .

Oma kaut auf ihrem | Buntstift | Bleistift | .

Jan bringt | Briefe | Brötchen | .

Anton gießt Omas | Palme | Blume | .

Oma braucht ein | Fahrrad | Zahnrad | .

**Herzlichen Glückwunsch!**

Geschafft. Jetzt bist du ein echter Leseprofi! Noch mehr spannende Bücher findest du unter www.duden-leseprofi.de

**Lösungen**

1. ■ das Telefon
   ■ das Training
   ■ das Foto
   ■ die Reparatur
   ■ die Probe

2. Jan: Bist du auch Erfinder?
   Oma: Kein Problem!
   Maschine: Poff!
   Anton: Halt!

3. Das stimmt nicht: Zweistein, Buntstift, Brötchen, Palme, Fahrrad

# Leseprofi von Duden – von Anfang an richtig

## 1. Klasse

**Jeweils 48 Seiten, gebunden.**

- Mila hat nur Ballett im Kopf
  ISBN 978-3-7373-3255-2
- Kleines Kätzchen in Not
  ISBN 978-3-7373-3283-5

- Nick, Lotta und die Mutkastanie
  ISBN 978-3-7373-3276-7
- Ein Kuchen verschwindet
  ISBN 978-3-7373-3284-2

## 2. Klasse

**Jeweils 64 Seiten, gebunden.**

- Verfolgungsjagd im alten Rom
  ISBN 978-3-7373-3280-4
- Fußballhelden
  ISBN 978-3-7373-3256-9
- Ein Einhorn in Gefahr
  ISBN 978-3-7373-3281-1
- Ein Fall für die Hafenkatzen
  ISBN 978-3-7373-3258-3

Alle Duden Leseprofis finden Sie unter
**www.duden-leseprofi.de**

Das Lesezeichen ist dein Lösungsschlüssel für die Profifragen!

Für jede Antwort findest du ein Puzzleteil.

Wenn es zum Puzzle auf dem Lesezeichen passt, ist die Antwort richtig!